Ce livre appartient à :

HISTOIRES DE MON AGE

J'ai trois ans

HISTOIRES DE MON AGE

J'ai trois ans

Histoires, contes et comptines

Parragon
Bath • New York • Singapore • Hong Kong • Cologne • Delhi • Melbourne

Queen Street House
4 Queen Street
Bath BA1 1HE
Royaume-Uni

Conception graphique : Zoom Design
Illustrations : Bill Bolton
Conseil linguistique : Betty Root

Réalisation : InTexte Édition, Toulouse
Traduction-adaptation de l'anglais : Dominique Taffin-Jouhaud

ISBN 978-1-4075-7718-0

Imprimé en Chine
Printed in China

✦ Sommaire ✦

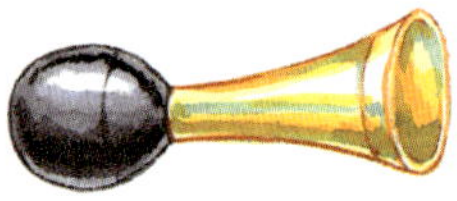

Le vilain petit canard

Par un beau jour d'été, Maman Cane pondit de beaux œufs tout blancs. « Coin ! Coin ! » cancana-t-elle d'un air affairé, en comptant les futurs bébés de sa couvée. « Oh ! Mais cet œuf-là est vraiment très gros, pensa-t-elle, amusée. Il en sortira sûrement un grand gaillard, comme mon mari le Canard. »

Toute fière, elle se remit sur son nid. Maman Cane s'était presque endormie quand elle entendit un grand bruit.

CR...AAC ! CR...AAC !

CR . . . AAC

CR...AAC ! Les œufs commençaient à éclore. L'un après l'autre, les canetons jaunes pointèrent le bout du bec. Bientôt, Maman Cane prit quatre jolis bébés dorés sous son aile. Seul le gros œuf était resté intact.

Maman Cane patienta, assise sur son gros œuf, et enfin, CRAAAAC ! le caneton sortit. Mais, surprise ! ce caneton était bien vilain ! Gros et gris, il ne ressemblait pas aux autres petits. « Hum ! pensa Maman Cane, ce n'est peut-être pas un canard. Mettons-le un peu à l'eau pour voir. »

« Suivez-moi ! » ordonna-t-elle fermement. Un, deux, trois, quatre... les canetons se précipitèrent derrière. Plouf ! Elle sauta dans la rivière. « Coin ! Coin ! » appela-t-elle, et tous les canetons sautèrent à l'unisson. Et bientôt, ils nageaient avec elle, et même l'affreux caneton gris ne manquait pas à l'appel.

Puis Maman Cane présenta ses petits aux autres canards de la basse-cour. « Mes enfants, prévint-elle, inclinez-vous devant Vieux Canard et dites : Coin ! Coin ! »

Tous les canetons, même l'affreux petit gris, firent ce qu'on leur avait dit. Mais les autres se mirent à rire en regardant le vilain petit canard.

« Je n'en ai jamais vu d'aussi laid ! » déclara l'un.

« Qu'est-ce que c'est que cet affreux ? » demanda un autre.

« Viens par ici, commanda Vieux Canard à Maman Cane. Laisse-moi voir tes petits. Hum ! Ils sont tous très jolis, sauf celui-ci. »

« Il n'est peut-être pas beau, reconnut Maman Cane. Mais il sait très bien nager. »

« Quel dommage ! » soupira Vieux Canard.

Les quatre canetons jaunes avaient une très belle vie dans la basse-cour. Mais le vilain petit canard se sentait très malheureux. Tous les canards, de même que les poules se moquaient de lui, et personne ne l'invitait jamais à jouer.

Un jour, le vilain petit canard décida de se sauver. Il dévala la pente jusqu'à la rivière et se mit à nager de toutes ses forces pour s'éloigner de la ferme, de Maman Cane et de ses quatre jolis canetons jaunes. Bientôt il rencontra les oies sauvages. « Tu n'es vraiment pas beau ! dirent-elles en se moquant de lui. Tu es si laid que nous t'aimons bien. Veux-tu partir avec nous ? »

Mais le vilain petit canard n'avait aucune envie de suivre les oies sauvages, car il ne savait pas encore voler.

Il marcha tant et tant qu'il arriva dans une ferme où vivaient une vieille femme, une poule et un chat gris.

« Pfff ! » dit le chat.

« Cot ! Cot ! » ajouta la poule.

« Quoi, quoi ? fit la vieille femme. J'ai l'impression que nous aurons bientôt des œufs de cane ! »

Le vilain petit canard fut autorisé à rester. Bien sûr, il ne pondit jamais d'œufs de cane. La poule et le chat le tourmentaient sans arrêt.

« Peux-tu pondre des œufs, comme moi ? » demandait la poule.

« Non », répondait le caneton.

« Peux-tu ronronner, comme moi ? » demandait le chat.

« Non », répondait le caneton.

« Tu es vilain et tu ne sers à rien ! » disaient le chat et la poule.

Le vilain petit canard reprit le chemin de la rivière, où il passait ses journées tout seul. Puis l'hiver arriva, et le temps devint très froid. Le caneton perdit ses forces et s'enrhuma. Un jour, un fermier vint à son secours et le rapporta. Les enfants du fermier voulurent jouer avec lui, mais le vilain petit canard crut qu'ils voulaient le tourmenter ; il sauta dans un seau empli de lait, et répandit son contenu par terre.

« OHHH ! »

« Ohhh ! » s'écria la fermière.

« Ha ! Ha ! » rirent les enfants.

Heureusement, la porte était ouverte, et le vilain petit canard s'échappa.

Il fut heureux de voir enfin arriver le printemps. Ses ailes claquèrent et il s'éleva dans les airs. Au-dessous de lui, il aperçut un jardin au bord d'un grand lac, où nageaient de magnifiques cygnes.

« Il faut que j'aille les voir ! » se dit le vilain petit canard.

Il descendit et nagea vers eux. Tous vinrent au devant de lui. Le vilain petit canard courba la tête, certain d'être attaqué. Mais, à ce moment-là, il aperçut son reflet dans

l'eau. Et là, il ne put en croire ses yeux. Il n'était plus un vilain petit canard, mais un très beau cygne blanc !

Tous les autres s'empressèrent d'accueillir leur nouvel ami, et plusieurs enfants s'approchèrent du bord de l'eau pour le voir. « Regarde, il y a un nouveau cygne sur le lac ! dit l'un. Comme il est beau ! » Puis les cygnes plus âgés s'inclinèrent avec respect. Jamais, au grand jamais, il n'avait été plus heureux de sa vie !

Rigodi, rigodon

Rigodi, rigodon,
Boule de laine pour mon chaton,
La vache gambade à la lune,
La cuillère et l'assiette courent à la brune,
Par ici la bonne soupe de légumes !

Cinq canetons

Cinq canetons se jettent à l'eau,
Dans l'étang, illico presto,
Maman Cane dit « Coin, coin, coin ! »
Mais voilà qu'il en manque un !

Quatre canetons se jettent à l'eau,
Dans l'étang, illico presto,
Maman Cane dit « Coin, coin, coin !»
Mais voilà qu'il en manque un !

Trois canetons se jettent à l'eau,
Dans l'étang, illico presto,
Maman Cane dit « Coin, coin, coin ! »
Mais voilà qu'il en manque un !

Deux canetons se jettent à l'eau
Dans l'étang, illico presto,
Maman Cane dit « Coin, coin, coin ! »
Mais voilà qu'il en manque un !

Un caneton se jette à l'eau
Dans l'étang, illico presto,
Maman Cane dit « Coin, coin, coin ! »
Mes canetons reviennent de loin ! »

On ne bougera pas !

Ce jour-là, dans un lointain pays tropical, il faisait très chaud. Les animaux cherchaient la fraîcheur dans tous les trous d'eau. Mais il n'avait pas plu depuis des jours, et la mare était juste assez grande pour apaiser la soif de quelques-uns. Alors, les animaux décidèrent d'aller se désaltérer chacun à leur tour. Ce jour-là était celui des hippopotames. Seulement, voilà, les hippos décidèrent qu'ils n'en partiraient plus.

« On est bien, c'est ici notre place ! » dirent-ils aux autres.

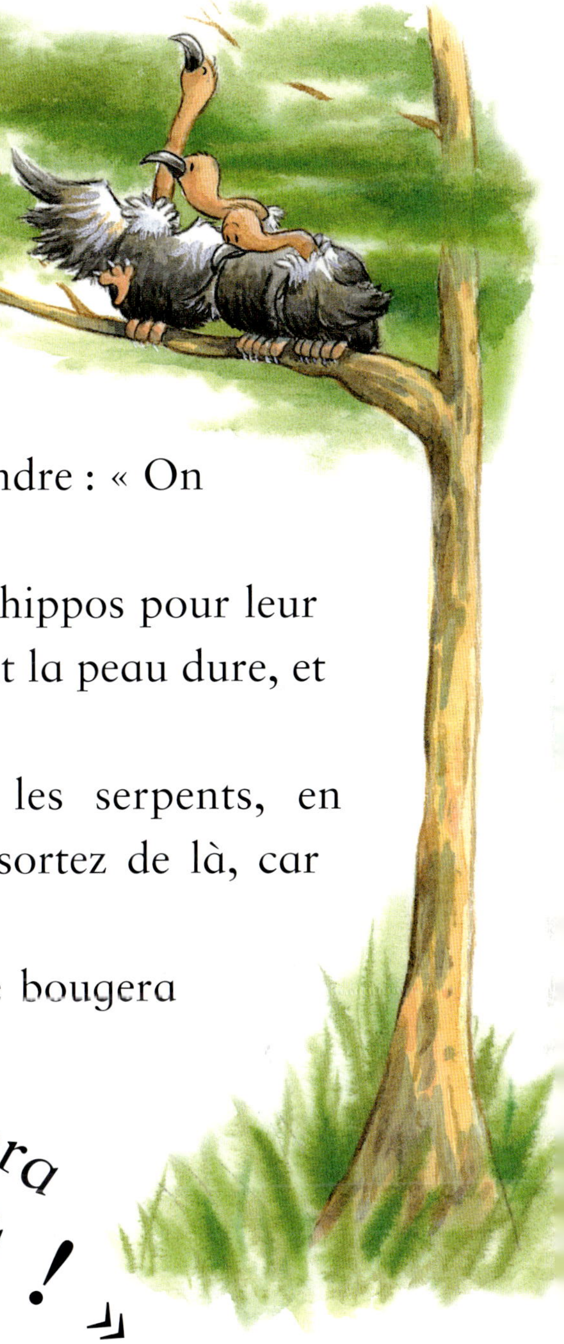

« Quoâ ??? » protestèrent les vautours déplumés, sur un arbre perchés. « Et pourquoi ne bou-ouh-geriez-vous pas ? » se lamentèrent-ils.

Mais les hippos se contentaient de répondre : « On ne bougera pas ! »

Les vautours vinrent picoter le dos des hippos pour leur apprendre la politesse. Mais les hippos ont la peau dure, et cela ne leur fit ni chaud ni froid.

«Sssssoyez ssssympas ! » sifflèrent les serpents, en serpentant vers le bord de l'eau. « Ssssssortez de là, car nousssssss avons très sssss... ssoif ! »

Mais les hippos répondirent : « On ne bougera pas de là ! »

« On ne bougera pas de là ! »

Alors les serpents s'enroulèrent autour des pattes des hippopotames et essayèrent de les déloger. Mais les hippopotames sont costauds, et quand ils ne veulent pas, ils ne veulent pas.

« Ééhhh là ! hennirent les zèbres, qui voulaient aussi une petite gorgée d'eau. Est-ce que nous pouvons en avoir un peu, nous aussiihhhh ? »

Mais les hippos se contentèrent de répéter : « On ne bougera pas ! »

Alors les zèbres, très mécontents, commencèrent à taper par terre avec leurs sabots, espérant ainsi effrayer les hippos. Mais les hippos n'ont peur de rien ou presque, et ils ne remuèrent même pas les paupières. Ils répétèrent à nouveau :

« On ne bougera PAS ! »

Le soleil était de plus en plus chaud, les animaux se rassemblèrent, de plus en plus nombreux, près de la mare. Ils étaient tous là, au bord de l'eau, à regarder ces gros hippos immobiles. Même les belles antilopes ne purent faire bouger ces balourds, alors qu'elles les aidaient souvent à chasser d'un coup de queue les mouches qui venaient se coller sur leurs oreilles. Aujourd'hui, les hippopotames se sentaient trop bien, au frais dans leur trou, et refusaient de partir. Personne ne pouvait les faire changer d'avis !

Soudain, un grand bruit leur fit lever le nez. Ils pointèrent leurs oreilles et écoutèrent. Les antilopes, les zèbres, les serpents et les vautours, effrayés, partirent au grand galop.

Boum Boum ! Boum !

Badaboum ! Boum Boum ! Badaboum !

Les hippopotames se levèrent. Ils ouvrirent grand leurs yeux, et leurs grosses pattes tremblèrent. Leur grosse peau dure se mit à frissonner, et ils commencèrent à s'inquiéter.

Et le bébé hippo, au milieu des grands, dit d'une toute petite voix : « Aidez-moi ! »

« On ne bouge pas de là » ! chuchota le plus gros hippo, qui n'en menait tout de même pas large.

Il y eut un silence, et un gros nuage de poussière s'approcha.

« On bouge de là ! » s'exclamèrent ensemble les hippos en s'enfuyant à toutes jambes. Au milieu du nuage de poussière, on vit arriver un énorme troupeau d'éléphants. Eux aussi, ils avaient chaud et soif, et rien n'allait les empêcher de se tremper les pieds !

Les éléphants coururent vers le petit étang et se jetèrent dedans.

« Aaahhh ! » soupirèrent les pachydermes soulagés en montrant leur joie à grands coups de trompe. Et tous les autres animaux – sauf ces braves hippopotames – revinrent en douce pour les regarder.

« Je crooâ bien, dit un vautour tout déplumé, que ces éléphants-là ne bougeront pas de là ! »

Mais les éléphants voyaient bien que les vautours, les serpents, les antilopes et les autres animaux avaient chaud, très très chaud sous le soleil brûlant. Alors ils comptèrent : « Un ! Deux ! Trois ! » puis ils aspirèrent de l'eau dans leur grande trompe, ils visèrent, et arrosèrent tout le monde.

« Aaaah ! » soupirèrent les antilopes et les zèbres, soulagés.

« Aaaah ! »

« Aaaah ! » soupirèrent les serpents et les vautours, soulagés.

« Oooh ! » soupirèrent les hippopotames, qui regardaient de loin. Ils auraient bien aimé avoir leur part. Et lentement, très lentement, en se demandant ce qui allait leur arriver, les hippos assoiffés se rapprochèrent.

Mais il y avait juste assez de place pour un groupe d'animaux dans le trou d'eau. Et maintenant, c'était le tour des éléphants. Quand ils virent les hippos, les éléphants protestèrent en disant : « On ne bougera pas ! »

« Soyez gentiiiiiiils », prièrent les hippopotames.

« Ooooooh ! s'il vous plaît, laissez-nous nous approcher, un tout petit peu ! »

« Pas du tout-du-tout ! trompetèrent les éléphants. Vous êtes vraiment trop gourmands ! »

« Bien fait ! » crièrent les antilopes, les serpents, les zèbres et les vautours. Ils ne pardonnaient pas aux hippopotames de n'avoir jamais voulu bouger pour eux.

Les hippos, soufflant sous le soleil, ne purent donc pas s'approcher du trou d'eau. Mais les éléphants, bien gentils, les prirent en pitié. Ils finirent par compter : « Un ! Deux ! Trois ! » puis ils aspirèrent de l'eau dans leur grande trompe, ils visèrent et… arrosèrent les hippos.

« UN ! DEUX ! TROIS ! »

« Aaaah ! » soupirèrent les hippos soulagés.

Mais une chose était sûre. Ils ne bougeraient plus jamais !

« Aaaaaah ! »

Le tour du jardin

Fais le tour du jardin,
Petit ours malin.

Un pas,
Deux pas,
Je te chatouille là !

Petit cochon

Un petit cochon
Va sur le gazon.
Ce petit cochon
Voit un hérisson
Qui le pique, ce polisson.
C'est qu'il pleure, le p'tit cochon,
Et se sauve sans façon !

L'araignée Gipsy

L'araignée Gipsy
Monte à la gouttière.
Tiens, voilà la pluie,
Gipsy tombe par terre.
Mais le soleil
A chassé la pluie !
L'araignée Gipsy
Monte à la gouttière...

Clothaire, le croco solitaire

Clothaire le crocodile se sentait seul. Tous les autres animaux de la jungle semblaient avoir beaucoup de frères et sœurs. Toute la journée, ils grimpaient aux arbres, jouaient à cache-cache ou se promenaient au bord de l'eau.

Clothaire les regardait et poussait de gros soupirs. Personne ne le remarquait, personne ne voulait s'amuser avec lui. Clothaire demanda à sa mère si elle ne voulait pas lui trouver un petit compagnon de jeux.

« Oh, mon chéri ! dit-elle. Je suis trop occupée à surveiller tous mes œufs ! Va donc te promener ! Et s'il te plaît, arrête de prendre cet air tristounet ! Il fait si beau dehors ! Tu devrais être heureux. »

« Hé !
Fais attention de ne pas balayer le sol avec ta queue ! Tu as bien failli renverser tous mes œufs ! »

Clothaire partit donc se balader au bord de la rivière. Au bout d'un moment, il aperçut Lara la panthère qui dormait au soleil. « Lara, dit Clothaire, penses-tu qu'un de tes petite frères voudra bien jouer avec moi ? »

« Non ! répondit Lara. Ils sont trop petits pour jouer avec toi ! Et Maman est en train de leur nettoyer les oreilles ! »

Ensuite, Clothaire alla voir Madame Perroquet, qui faisait la causette avec ses voisines.

« Bonjour, Madame Perroquet. Vous avez beaucoup de bébés. Est-ce que vous voudriez me

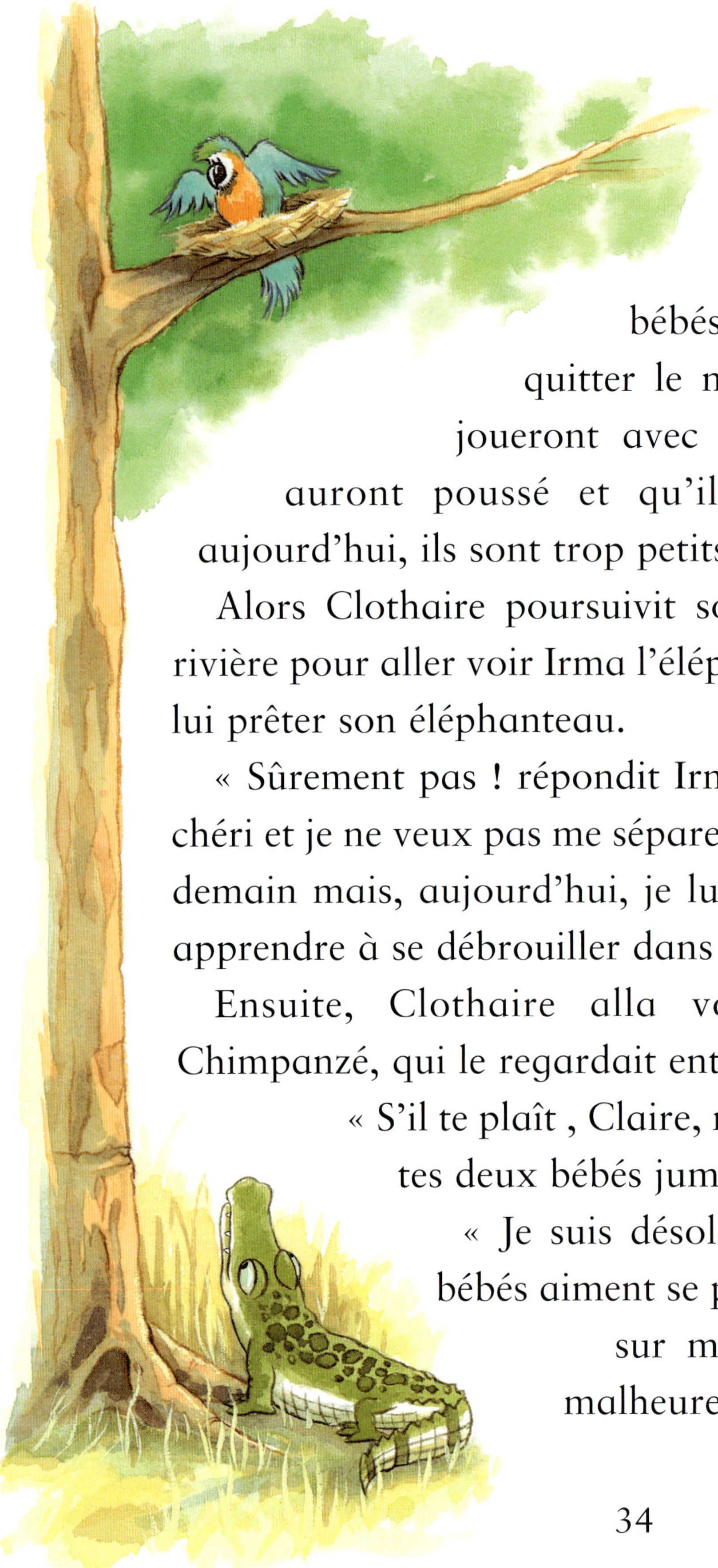

laisser jouer avec eux ?

« Non, non, dit Madame Perroquet. Mes bébés sont trop petits pour quitter le nid, bien trop petits ! Ils joueront avec toi quand leurs plumes auront poussé et qu'ils sauront voler. Mais aujourd'hui, ils sont trop petits, bien trop petits ! »

Alors Clothaire poursuivit son chemin le long de la rivière pour aller voir Irma l'éléphante et lui demander de lui prêter son éléphanteau.

« Sûrement pas ! répondit Irma. Je n'ai que mon petit chéri et je ne veux pas me séparer de lui. Il jouera avec toi demain mais, aujourd'hui, je lui donne son bain. Il doit apprendre à se débrouiller dans l'eau ! »

Ensuite, Clothaire alla voir Claire la Maman Chimpanzé, qui le regardait entre les feuilles.

« S'il te plaît , Claire, me laisseras-tu jouer avec tes deux bébés jumeaux ? »

« Je suis désolée, répondit Claire. Mes bébés aiment se promener dans les arbres, sur mon dos. Ils seraient très malheureux avec toi dans l'étang.

Mais Clothaire, ne prends pas cet air malheureux ! Je suis sûre que tu finiras par trouver quelqu'un de mieux. »

Clothaire atteignit la lisière de la jungle et se dirigea vers la montagne, vers les grottes des gorilles.

« Bonjour ! lança-t-il. Bonjour, petits gorilles ! Qui veut jouer avec moi ? »

« Bonjour ! Bonjour ! »

À la grande surprise de Clothaire, deux bébés gorilles sortirent de leur grotte. Ils étaient très contents de le voir et commencèrent à faire des galipettes avec lui, sur les pentes de la montagne. Tous s'amusaient bien, quand Maman Gorille les rappela.

« Allons ! C'est l'heure du dîner ! dit-elle. Il faut laisser Clothaire ! »

« À table ! »
« À table ! »

« Salut, Clothaire ! dirent les deux bébés. Reviens nous voir bientôt ! »

Et Clothaire se retrouva tout seul.

Il revint chez lui, sans se presser. Il fit un signe aux éléphants, aux léopards et aux chimpanzés. La nuit tombait. Des yeux brillaient dans le noir pendant qu'il descendait le chemin. Il finit par atteindre le bord de la rivière.

« Vite ! coassèrent les grenouilles. Dépêche-toi de rentrer, Clothaire ! Ta maman a une surprise pour toi ! »

Clothaire se hâta de remonter la rive et retrouva sa maman qui l'attendait en souriant.

« Regarde ! dit-elle fièrement. Clothaire ! Mes œufs sont éclos ! »

Clothaire regarda, tout étonné. Il en resta bouche bée. Devant lui se tenaient dix bébés crocodiles. Les bébés s'approchèrent et lui dirent bonjour de leur petite voix. Quelques minutes plus tard, ils étaient tous autour de lui, grimpant sur sa tête, faisant des glissades sur son nez, et se balançant sur sa queue.

« Ils me font des chatouilles ! » dit Clothaire en riant, pendant que sa Maman surveillait la scène, pour que les petits ne se fassent pas mal.

« Tu es notre grand frère chéri !» dit l'un des bébés crocodiles.

« Tu veux jouer avec nous ? » lança un autre.

« Oui, oui ! Viens jouer ! » crièrent-ils tous en même temps.
Clothaire était vraiment très content. Il avait un grand sourire de crocodile. Enfin, il avait ses compagnons de jeux. Et, foi de crocodile, il avait plus de frères et sœurs que n'importe qui dans la jungle !

La ferme de Mac Donald

Dans la ferme de Mac Donald,
I , aïe, i , aïe, O !
Dans cette ferme, il y a des vaches,
I , aïe, i , aïe, O !
Et un meuh-meuh ci,
Et un meuh-meuh là,
Ci un meuh, là un meuh,
Partout y'a des meuh-meuh !
Dans la ferme de Mac Donald,
I , aïe, i , aïe, O !

Dans la ferme de Mac Donald,
I , aïe, i , aïe, O !
Dans cette ferme, y'a des moutons,
I , aïe, i , aïe, O !
Et un bêê-bêê ci,
Et un bêê-bêê là,
Ci un bêê, là un bêê,
Partout y'a des bêê-bêê !
Dans la ferme de Mac Donald,
I , aïe, i , aïe, O !

Dans la ferme de Mac Donald,
I , aïe, i , aïe, O !
Dans cette ferme, y'a des chevaux,
I , aïe, i , aïe, O !
Et un hiin-hiin ci,
Et un hiin-hiin là,
Ci un hiin, là un hiin,
Partout y'a des hiin-hiin !
Dans la ferme de Mac Donald,
I , aïe, i , aïe, O !

Dans la ferme de Mac Donald,
I , aïe, i , aïe, O !
Dans cette ferme, y'a des cochons,
I , aïe, i , aïe, O !
Et un groin-groin ci,
Et un groin-groin là,
Ci un groin, là un groin,
Partout y'a des groin-groin !
Dans la ferme de Mac Donald,
I , aïe, i , aïe, O !

Dans la ferme de Mac Donald,
I , aïe, i , aïe, O !
Dans cette ferme, y'a des canards,
I , aïe, i , aïe, O !
Et un coin-coin ci,
Et un coin-coin là,
Ci un coin, là un coin,
Partout y'a des coin-coin !
Dans la ferme de Mac Donald,
I , aïe, i , aïe, O!

La princesse au petit pois

Dans un lointain royaume vivait un très beau prince qui voulait se marier. Mais seule une femme exceptionnelle pouvait devenir son épouse. Il voulait une vraie princesse.

Le prince voyagea par monts et par vaux pour trouver sa princesse. Mais il ne savait pas très bien comment faire la différence entre une vraie et une fausse.

Il en rencontra beaucoup, mais leur trouvait toujours quelque chose qui n'allait pas. Certaines étaient trop grandes. D'autres étaient trop petites.

Certaines étaient trop bêtes, d'autres beaucoup trop sérieuses. Il en rencontra même une qui était trop jolie ! C'est dire s'il était difficile !

Quand le prince eut beaucoup voyagé, il commença à penser qu'il ne trouverait jamais sa vraie princesse et rentra donc chez lui. Le prince devint de plus en plus malheureux. Son père et sa mère, le roi et la reine, se faisaient beaucoup de souci. Ils ne savaient pas quoi faire pour rendre le bonheur à leur fiston.

Puis un soir de grande tempête, quelqu'un frappa à la porte du palais. Le vieux roi alla ouvrir. Imaginez sa surprise lorsqu'il aperçut une jeune fille toute mouillée, qui tremblait de froid.

« Entrez, entrez ! dit le roi, qui était gentil. Qui êtes-vous donc ? Que faites-vous ici par une pareille nuit ? »

« Bonsoir, je suis une princesse, annonça la jeune fille au roi surpris. J'ai très peur, parce que je me suis perdue dans la tempête. Puis-je dormir chez vous cette nuit ? »

Le roi était bien un peu méfiant. Mais le prince se mit à sourire en entendant la jolie voix et en voyant le beau sourire de la jeune femme. La reine la regarda de la tête aux pieds. Elle était trempée et avait les cheveux tout en bataille.

« Ah ! Moi, j'ai un bon moyen de savoir si tu es vraiment une princesse, comme tu le prétends ! » pensa-t-elle. Mais elle ne dit rien à personne.

Sur la pointe des pieds, la reine se rendit dans la chambre d'amis. Elle retira tous les draps et les couvertures du lit et posa trois petits pois sur le matelas. Puis elle ajouta vingt autres matelas, l'un sur l'autre, par-dessus les petits pois. Et elle empila vingt couettes remplies de

plumes d'oie. Le lit était si haut que la pauvre princesse eut besoin d'une échelle pour y grimper.

Le lendemain matin, la reine demanda à la princesse si elle avait bien dormi.

« Je n'ai pas fermé l'œil, avoua la jeune fille. Quelle nuit terrible !

Il y avait quelque chose de dur dans le lit. J'ai des bleus partout ! »

Pour la reine, il était évident que seule une princesse avait pu sentir trois minuscules pois au travers de vingt matelas et de vingt couettes en plume d'oie. Et tout le monde fut bien d'accord avec elle.

Le prince était heureux d'avoir enfin trouvé une vraie princesse, surtout celle-ci, qui était très jolie. Ils se marièrent aussitôt et furent très heureux. Les trois petits pois furent placés dans le musée royal, où vous pouvez encore les voir aujourd'hui. Mais peut-être ont-ils été volés par quelqu'un qui cherche aussi une vraie princesse !

Le petit cochon tacheté

Les petits cochons sont de vrais garnements. Imaginez les dégâts que peut faire un porcelet remuant. Alors, que dire lorsqu'il y en a six ? La pauvre Madame Cochon n'avait même pas besoin d'imaginer. Ses six petits cochons étaient de vraies tornades !

Il y avait Cochonou, qui aimait fourrer son petit nez partout, même là où il ne devait pas.

Cochonnette, qui était curieuse comme une belette.

Cacahuète, qui se perdait tout le temps.

Colibri et Collerette, qui avalaient tout ce qui leur tombait sous la patte.

Et il y avait Colinette, qui avait plus d'ennuis que ses cinq frères et sœurs réunis.

Non, Colinette n'était pas plus fatigante que Cochonou. Elle n'était pas plus terrible que Cochonnette, ni plus énervante que Cacahuète, et certainement pas plus audacieuse que Colibri et Collerette. Alors, pourquoi Madame Cochon devait-elle la gronder au moins trois fois par jour ?

Les cinq autres petits cochons se ressemblaient comme les doigts d'une main. Ils étaient dodus et frétillants, remuants et roses. Roses du bout du nez jusqu'au bout de leur petite queue en tire-bouchon. Il était difficile, très difficile de les reconnaître.

Colinette était différente. Elle était rose, bien sûr, mais sur son petit derrière, elle portait une tache brune qui ressemblait à un trèfle à quatre feuilles !

Quand Madame Cochon voyait les derrières de quatre petits cochons qui plongeaient le nez dans l'auge du cheval et que ces petits-là mâchonnaient quelque chose qui pouvait leur faire du mal, il y en avait trois qu'elle ne reconnaissait pas. Mais le quatrième petit derrière avait le joli trèfle.

« COLINETTE ! criait Madame Cochon. Sors immédiatement le nez de cette auge ! Et vous aussi… euh… Tous les trois ! »

C'était la même chose quand Madame Cochon voyait cinq petits cochons qui plongeaient dans la mare aux canards et dérangeait les canetons. Quatre cochons se ressemblaient comme quatre gouttes d'eau, mais il y en avait un qu'elle repérait immédiatement.

« Colinette ! » grondait Madame Cochon. Veux-tu sortir immédiatement de cet étang ! Et vous aussi… euh… Tous les quatre ! »

Les canards, les chevaux et les poules avaient maintenant l'habitude d'entendre Madame Cochon qui criait toute la journée et toute la nuit.

« COLINETTE ! CO-LI-NETTE ! »

Les frères et sœurs de Colinette en avaient l'habitude aussi. Mais Colinette ne s'y faisait pas. Elle trouvait que ce n'était pas juste d'être toujours grondée… parce qu'elle était différente.

Puis un jour de bruine et de grisaille, les six petits cochons en eurent assez de rester dans leur porcherie et mirent le nez sous la pluie.

« Je pars en exploration ! » annonça Cochonnette. Elle se mit à trotter sous le crachin.

« Attends-moi ! » cria Cacahuète en se pressant derrière elle.

« Ça se mange, les gouttes d'eau ? » demandèrent Colibri et Collerette, qui filèrent pour aller vérifier.

« Sautons dans les flaques ! » proposa Cochonou sans plus hésiter.

Et Colinette, qui ne voulait pas être en reste, fila aussi.

Pendant le reste de la matinée, six petits cochons roses et mouillés s'amusèrent comme des petits fous. Quand ils virent que les berges de l'étang étaient glissantes et boueuses à souhait, ils furent très contents.

« Ouiiii ! » s'exclamèrent-ils en glissant dans la gadoue.

« Ouiii ! » Ils faisaient des bonds, de-ci, de-là.

« Ouaaou ! » C'étaient des cabrioles et des pirouettes.

Quand Madame Cochon sortit pour ramener ses six

garnements, elle commença par ne pas les trouver. Puis elle aperçut six petits tonneaux remuants et tous boueux.

Madame Cochon voulut se mettre à crier…. Puis elle referma la bouche. Elle n'était plus sûre. Étaient-ce vraiment ses petits cochons ? Elle chercha le trèfle de Colinette, mais elle ne voyait que de la gadoue, de la gadoue…

Madame Cochon voulut se mettre en colère. Mais elle n'y arriva pas, même quand elle reçut une grosse giclée de boue sur l'oreille. Elle se mit à rire sans s'arrêter. Et finalement, n'y résistant plus, elle se jeta elle aussi dans la boue pour frétiller et gigoter.

« J'adore la gadoue ! » brailla Colinette.

« Moi aussi ! » répondit Madame Cochon.

Et Colinette, qui n'avait pas été grondée une seule fois de la journée, fit un gros câlin plein de boue à sa maman chérie.

Le bus enchanté

Le bus enchanté roule tout au long,
Tout au long,
Tout au long,
Le bus enchanté roule tout au long,
Au long des saisons.

Le bus enchanté roule en chansons,
En chansons,
En chansons,
Le bus enchanté roule en chansons,
Et au diapason.

Le bus enchanté fait tut-tut-tut !
Tut-tut-tut !
Tut-tut-tut !
Le bus enchanté fait tut-tut-tut !
Et va droit au but.

Le bus enchanté passe partout,
Oui, partout,
Oui, partout,
Le bus enchanté passe partout,
Tout près de chez vous.

Les petits enchantés chantent tout le long,
Tout le long,
Tout le long,
Les petits enchantés chantent tout le long,
Des prés et des ponts.

Tatie Poulpe

Tatie Poulpe est très gentille. Toutes les créatures de la mer viennent la voir quand elles ont du chagrin, et Tatie Poulpe leur fait un gros câlin. Elle a tant de bras qu'elle peut faire des dizaines de câlins en même temps.

« Je me suis fait voler mon plus beau caillou », sanglote le poisson-clown.

« Ne pleure pas ! dit Tatie Poulpe. Je t'en trouverai un autre, plus joli. »

Tatie Poulpe choisit un beau caillou

rose dans sa grotte et le donne au poisson-clown. Il le pousse de son nez, en riant et en frétillant.

« Merci ! » crie le poisson-clown en s'éloignant d'un coup de nageoire.

Cora, la crabette, est malheureuse. « Je me sens malade, explique-t-elle. Mes pinces me font mal, et j'ai l'impression d'étouffer dans mon armure »

« Ne t'inquiète pas, répond Tatie Poulpe. Tu vas avoir une

nouvelle carapace. Dans quelques jours, tu te sentiras mieux. »

« Merci ! » dit Cora, toute contente d'apprendre qu'elle va bientôt changer de peau.

Bébé hippocampe pleure. De grosses larmes roulent sur ses joues.

« Je suis perdu, sanglote-t-il. Je ne retrouve pas le chemin de ma maison ! »

« Ne te fais pas de souci, dit Tatie Poulpe pour le rassurer, en essuyant ses larmes à l'aide d'un doux mouchoir d'algues. Je sais où tu habites. Veux-tu que je te ramène chez toi ? »

Et ils se mettent en route. Tatie Poulpe ramène le gentil hippocampe dans ses grands bras forts et doux.

Un jour, Dip le dauphin arrive chez elle pour lui demander de l'aider à faire ses devoirs. Le phoque Pilou veut lui raconter qu'il s'est disputé avec son frère. Timothée la tortue est triste et veut se faire consoler.

« Tatie Poulpe, où es-tu ? » appelle Pilou le phoque.

« Viens nous voir ! » prie Timothée la tortue.

Les petits amis de la mer la cherchent partout, mais Tatie Poulpe a disparu. Sa grotte est vide.

Tout à coup, Maurice le vieux morse arrive en frétillant

de ses belles moustaches.

« Qu'est-ce qui se passe ? » demande-t-il.

« On dirait que Tatie Poulpe a disparu », explique Dip le dauphin.

« Aha ? dit Maurice le vieux morse, de sa grosse voix. Mais je l'ai vue nager vers le navire englouti. Maintenant, elle devrait être rentrée ! »

« Elle a peut-être des ennuis et besoin de notre aide ! » s'écrie Timothée la tortue.

Et tous se mettent en route vers le navire englouti.

En s'approchant de l'épave, ils aperçoivent Fix le requin.

« Va-t-en ! disent Pilou le phoque et Dip le dauphin. Ne viens pas nous manger ! »

« Mais non, je veux simplement vous aider ! proteste Fix le requin. Tatie Poulpe est mon amie, vous savez ! »

Et le requin nage loin derrière les autres pour ne pas les effrayer. Quand ils arrivent près du navire englouti, ils aperçoivent

Tatie Poulpe prise dans un vieux filet de pêche. Plus la pauvre se débat pour se dégager, plus elle s'entortille dans le filet.

« Heureusement que vous m'avez trouvée ! » soupire-t-elle.

Timothée la tortue essaie de desserrer les nœuds, mais bientôt il est, lui aussi, entortillé.

Dip le dauphin lance sa queue dans le filet, mais se retrouve emprisonné.

Pilou le phoque secoue le filet, mais se sent bientôt prisonnier.

« Arrêtez tout ! crie Maurice le vieux morse. Nous avons ici un jeune poisson qui saura nous dépatouiller. Venez, Fix ! »

Fix arrive, tout timide. Et il donne un grand coup de dents dans le filet. Tatie Poulpe est libérée. Maintenant, Fix distribue d'autres coups de dents pour délivrer les autres.

Tatie Poulpe dit : « J'étais partie chercher un cadeau pour consoler Fix. Vous n'êtes pas toujours très gentils avec lui. »

« Nous avons peur de tes grandes dents, explique Pilou le phoque au gentil requin. Mais aujourd'hui, elles nous ont sauvé la vie ! »

« Sans toi, nous serions restés coincés là pour toujours ! » ajoutent Dip le dauphin et Timothée la tortue.

Maintenant, Dip, Timothée et Pilou jouent avec Fix. Ils ont compris que jamais il ne mangerait ses compagnons de jeu ! Depuis, ils s'amusent bien ensemble, et Tatie Poulpe leur fait des signes d'amitié, du fond de sa grotte.

Un et deux et trois

Un et deux et trois,
J'ai pêché un poisson-chat
Quatre et cinq et six
L'ai tiré de l'eau, o-hisse !
Le petit poisson m'a dit
Qu'il venait du paradis
Où y'avait plein de souris
Et pas de pêcheurs, pardi !

Cot, cot, cot, cot !

Cot, cot, cot, cot !
Madame Poule qui picote,
Combien de poussins
Sont arrivés ce matin ?

« J'en ai compté dix en tout :
Quatre jaunes, quatre bruns,
Sans oublier les deux roux,
Ils sont tous nés ce matin ! »

Poucelina

Il était une fois une femme qui désirait avoir un bébé. Les années passaient, et elle attendait toujours. Un jour, cette femme alla voir une sorcière. La sorcière lui donna un grain d'orge et lui recommanda de le planter dans un pot.

La femme fit ce que lui conseillait la sorcière et une très belle fleur sortit du pot. Les pétales étaient fermés, et la femme se pencha pour les embrasser. À l'instant, les pétales s'ouvrirent et la femme aperçut à l'intérieur, une toute petite fille, un bébé. Cette petite fille était très mignonne, mais plus petite

que le pouce de la femme. Avec son mari, elle décida donc de l'appeler Poucelina.

Ils préparèrent un berceau dans une coquille de noix, et lui donnèrent une jolie feuille verte pour couverture. Poucelina dormait dans son berceau et jouait sur la table pendant la journée.

Mais une nuit, un vilain crapaud sauta sur la table où dormait la petite Poucelina.

« Coâ ! »
« Coâ ! »

« COÂ ! COÂ ! coassa le crapaud. Cette créature ferait une bonne épouse pour mon fils ! » Et il prit Poucelina sous sa patte et l'emporta dans son trou boueux.

« COÂ ! COÂ ! » coassa l'affreux fils crapaud quand il aperçut la jolie Poucelina.

« BEURK ! BEURK ! » dit Poucelina en apercevant les deux affreux crapauds. « Ahhh ! » cria-t-elle quand la mère crapaud lui expliqua qu'elle voulait lui faire épouser son horrible fils.

Les crapauds avaient peur que Poucelina ne s'enfuie. Ils la posèrent sur un nénuphar, au beau milieu de la rivière. Poucelina pleurait sans cesse. En entendant ses sanglots, les petits poissons pointèrent le nez hors de l'eau. Charmés par sa beauté, ils décidèrent de venir en aide à la petite fille. Ainsi, ils grignotèrent la corde qui attachait le nénuphar, et Poucelina se mit à flotter à la dérive.

Elle dériva longtemps sur la rivière. Puis un jour, le vent souffla si fort que Poucelina fut emportée dans les airs et qu'elle se retrouva sur la terre ferme.

Pendant tout l'été, Poucelina vécut seule dans les bois. Mais quand l'hiver arriva, elle commença à souffrir de la faim. Elle quitta la forêt et marcha dans un champ. Peu de temps après, elle arriva devant une porte et y frappa. La porte fut ouverte par une souris des champs, à qui Poucelina demanda à manger. Par chance, la souris était gentille et elle invita Poucelina à entrer dans son logis bien chauffé. Bientôt, la souris se prit d'affection pour la petite Poucelina et la pria de rester.

Au bout de quelque temps, la souris parla à Poucelina de son voisin la Taupe.

« Monsieur Taupe est un homme très riche. Quelle bonheur tu aurais en l'épousant ! Bien sûr, il est aveugle, il te faudra donc le charmer de ta douce voix. »

Mais après avoir rencontré M. Taupe, Poucelina n'eut pas du tout envie de l'épouser. Il était riche, bien sûr, mais il détestait le soleil et les fleurs, même s'il ne les avait jamais vus. M. Taupe tomba amoureux dès qu'il entendit la voix de Poucelina. Et avec la souris des champs, il décida de leur prochain mariage.

M. Taupe creusa un tunnel entre les deux maisons et, un jour, proposa une visite guidée à Poucelina.

À mi-chemin dans le tunnel, M. Taupe repoussa du pied un oiseau mort qui encombrait le passage.

« Quelle sale bête ! dit-il. Il doit être mort au début de

l'hiver ! » Poucelina fut toute triste pour l'oiseau, mais ne dit pas un mot.

Un peu plus tard, quand la souris des champs fut endormie, Poucelina se glissa dans le tunnel. « Au revoir, bel oiseau ! » chuchota-t-elle. Elle pressa sa tête contre la poitrine douce de l'oiseau et, à sa grande surprise, la sentit remuer légèrement. L'oiseau n'était pas mort. Il avait dormi là tout l'hiver et était en train de se réveiller.

Jusqu'au printemps, Poucelina s'occupa de l'oiseau, qui se rétablit tout à fait. Quand les beaux jours arrivèrent, Poucelina le fit sortir en cachette du tunnel et de la maison de la souris.

« Au revoir ! » lui dit-elle en pleurant lorsque l'oiseau s'envola.

Le temps passa vite et le jour du mariage de Poucelina arriva.

Comme elle voulait jeter un dernier regard au monde de la lumière avant d'entrer dans les tristes galeries noires de M. Taupe, elle alla marcher dans la campagne.

« Tuitt ! Tuitt ! » chanta quelqu'un au-dessus de sa tête. C'était l'ami oiseau de Poucelina. La voyant si malheureuse, il lui dit : « Je m'en vais pour l'hiver dans les pays chauds. Viens avec moi, tu peux t'asseoir sur mon dos ! »

Poucelina accepta aussitôt et, très vite, ils survolèrent un beau pays chaud. L'oiseau la posa sur les pétales d'une fleur. Poucelina fut bien surprise d'apercevoir un petit homme ailé assis au cœur de la fleur. C'était un lutin. Il tomba tout de

suite amoureux de Poucelina et lui demanda si elle voulait l'épouser. Poucelina accepta avec joie.

Le jour de leur mariage, Poucelina reçut toutes sortes de cadeaux. Le plus beau était une paire d'ailes minuscules. Elle s'en servit pour voler de fleur en fleur. Enfin, Poucelina fut la plus heureuse des petites filles !

La jungle, là-bas

C'est la jungle, là-bas,
« Couc ! Couc ! » Qui va là ?

Un oiseau de toutes les couleurs passe dans la forêt. Il lisse ses longues plumes, son bec est recourbé, et il a l'œil rondelet.

« Couc ! Couc ! Je suis un ara », dit fièrement l'ara.

C'est la jungle, là-bas,
« Coâ ! Coâ ! » Qui va là ?

Une jolie petite grenouille verte à la peau luisante et aux grands yeux curieux se promène. Ses pattes sont terriblement collantes et l'aident à grimper aux arbres.

« Coâ ! Coâ ! Je suis une rainette ! » coasse fièrement la rainette.

C'est la jungle, là-bas,
« O-o ! O-o ! » Qui va là ?

C'est un grand singe aux long poils roux. Il a les yeux vifs, il aime manger des feuilles et des fruits, et passe la moitié de sa vie à se balancer entre les arbres.

« O-o ! O-o ! Je suis un orang-outan ! » dit fièrement l'orang-outan.

C'est la jungle, là-bas,
« Ssss ! Ssss ! » Qui va là ?

Un long reptile à la peau couverte d'écailles se faufile sous les herbes de la forêt. Il a les yeux brillants et la langue fourchue.

« Ssss ! Ssss ! Je suis le serpent des marais », siffle fièrement le serpent des marais.

C'est la jungle, là-bas,
« Plitch ! Plotch ! » Qui va là ?

C'est un drôle d'animal presque sans poils. Une bête qui rampe, une bête effrayante. « Plitch ! Plotch ! » Mais qui est-ce ?

« Cachez-vous ! Cachez-vous ! » conseille le serpent.

« Attendez, dit l'orang-outan. Mais qui est-ce ? Attendons voir. »

« Attendre d'être attrapé par les mâchoires d'un crocodile ? » dit l'ara.

« Attendre d'être déchiré par les dents pointues d'un léopard ? » coasse la rainette.

« Attendez, attendez ! dit l'orang-outan. Je veux vraiment savoir qui c'est. Pas vous ? »

Alors, les animaux attendent et ils voient arriver un animal à deux pattes, habillé en vert. Ses yeux sont intelligents. Il regarde autour de lui d'un air fureteur. Mais qui cherche-t-il ?

« O-o ! J'ai compris ! chuchote l'orang-outan. Cachez-vous tous ! O-o ! Cachez-vous ! TOUT DE SUITE ! »

L'ara se glisse sous un bouquet de verdure. La rainette s'accroupit sur une feuille luisante. Le serpent s'enroule près du marais. Et l'orang-outan grimpe à toute allure au sommet de l'arbre.

« Plitch ! Plotch ! » Les chaussures de l'homme s'enfoncent dans la terre humide et se rapprochent !

« Attention ! Il se rapproche. Respirez à fond ! Tous ensemble ! »

« Au secours ! Au secours ! » crie le chasseur effrayé.

L'orang-outan le voit qui se sauve en courant, et appelle de nouveau ses amis : « Attention ! Respirez à fond ! Tous ensemble ! »

« Couc ! Coâ ! O-o ! Ssss ! Couc! Coâ! O-o ! Ssss ! » disent-ils tous en chœur.

Les pas du chasseur s'éloignent très vite : « Plitch! Plotch ! Plitch ! » Puis le silence revient, et on n'entend plus que les autres bruits, les bruits de la jungle.

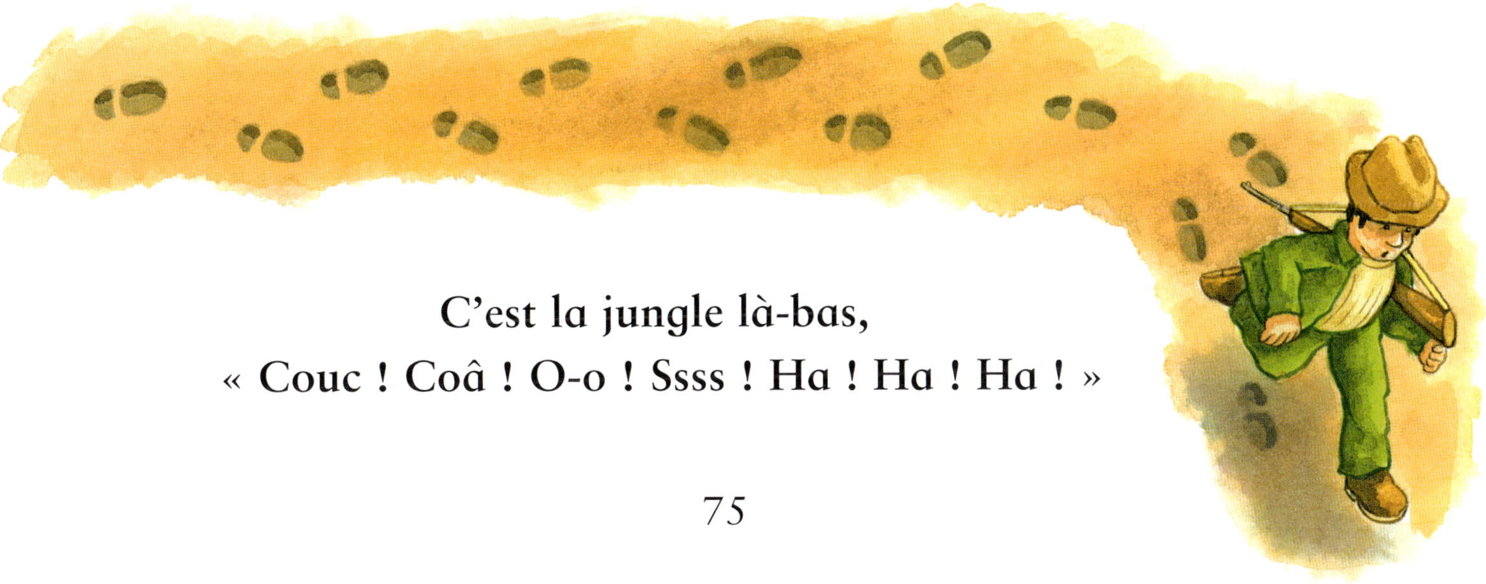

C'est la jungle là-bas,
« Couc ! Coâ ! O-o ! Ssss ! Ha ! Ha ! Ha ! »

La chanson de quat' sous

C'est une chanson de quat' sous,
Pour un joli pâté doré
Où un malin cuisinier
Cacha quelques merles filous.

Au moment de servir le pâté
Les oiseaux se mirent à chanter,
N'était-ce pas un plat de choix
Digne d'un très grand roi ?

Le roi était à la chasse
À tirer des bécasses,
La reine faisait un festin
De miel et de pain.

La servante au jardinet
Suspendait le linge sur un fil,
Quand arriva un volatile
Qui lui piqua le bout du nez.

Philippe et Line

Philippe et Line
Dévalèrent la colline
Avec leur seau d'eau.
Philippe se tordit le nez,
Line se tordit le pied.
Mes amis, quel tableau !

Philippe se hâta de rentrer
À la maison tout affolé,
Oubliant le seau au pré.
Puis il se mit au lit
Et jura qu'il n'irait
Plus jamais au puits.

Mic et Mac

Mic et Mac, les petits ours polaires, vivent dans le froid, dans le grand Nord, là où souffle la bise et où il neige tant. Mic et Mac aiment s'amuser sur la glace. Ils courent et font des batailles de boules de neige. Ils gambadent et font des galipettes. Ils jouent à cache-cache toute la journée, font des glissades sur les pentes blanches. Ils rient et

se font des farces, grimpent sur les icebergs, nagent dans le grand océan. Mic et Mac sont très contents.

« Écoute ça ! » s'exclame Mic. Et il fait sonner les stalactites de la grotte gelée, avec un bâton.

« Et toi, écoute ça ! » lance Mac. Il crie « Ohé ! » dans la grotte profonde.

L'écho lui répond : « Ohé ! »

« Écoutez-nous ! » crient Mic et Mac, tandis que leurs voix rebondissent sur les murs de la grotte et forment un grand chœur d'ours chanteurs. Alors ils se mettent à danser, et tournent sans fin dans ce monde blanc.

« C'est amusant ! » dit Mic en riant.

« C'est épatant ! » répond Mac en s'esclaffant.

« Regarde-moi ! » crie Mic, et il saute pour attraper les gros flocons de neige.

« Regarde-moi ! » répond Mac, en sautant par-dessus une grosse fissure dans la glace.

« Regardez-nous ! » crient Mic et Mac aux animaux de la banquise, en dévalant la pente du Grand Mont jusqu'au Bassin d'Argent.

« Plouf ! » Les deux oursons plongent dans l'eau glacée.

« C'est amusant ! » dit Mic en riant.

« C'est épatant ! » répond Mac en s'esclaffant.

La fourrure des oursons est chaude et douce. Elle les tient au chaud toute la journée, même si la neige tombe dru et que le vent souffle en rafales.

Leur haleine se condense dans l'air froid, formant un petit

nuage de chaleur, pendant que les petits oursons nagent dans la mer.

« Je suis fatigué, maintenant », annonce Mic.

« Arrêtons-nous pour nous reposer ! » propose Mac.

« Bonne idée ! » dit Mic.

Les deux ours regardent autour d'eux.

« Ce gros rocher gris me paraît parfait ! » dit Mic, en pointant le doigt vers une forme qui se profile au-dessus des vagues.

« Ooh, oui ! répond Mac. Quel joli rocher tout rond ! »

Mic et Mac grimpent sur le grand rocher gris et lisse et s'installent pour se reposer avant de reprendre leurs jeux.

« Quel beau rocher ! » s'exclame Mic.

« Il est magnifique ! » confirme Mac.

« Je ne me souviens pas l'avoir vu avant ! » remarque Mic.

« Moi non plus, répond Mac. Il doit être nouveau. »

« J'ai vraiment sommeil... » dit Mic.

« Moi aussi ! » répond Mac.

Les deux oursons bâillent, puis ils se couchent, tête contre tête, pour se reposer. Ils regardent les petites vagues qui viennent lécher le rocher.

Mac ferme les yeux le premier. Puis Mic l'imite à son tour. Bientôt, ils dorment à poings fermés.

La nuit tombe, les étoiles scintillent. La lune d'argent se lève dans le ciel.

Tout à coup, le grand rocher gris se met à bouger. Il avance dans la grande mer gelée. Il dépasse les icebergs et zigzague entre les vagues, en suivant le reflet de la lune.

En fait, le gros rocher gris n'est pas du tout un rocher gris.

C'est une baleine à bosse. Elle vient de se réveiller et a décidé d'aller prendre un petit bain. Jamais elle ne se douterait qu'elle porte sur son dos deux oursons endormis. La baleine décide de plonger et fait gicler l'eau glacée autour d'elle.

« Ouh ! » fait Mic en se réveillant dans la mer.

« Ouh ! » fait Mac en recevant une grosse vague sur le nez.

Les deux oursons flottent dans l'eau noire, et ils se sentent bien loin de chez eux.

« Ouh-Ouh ! » crient-ils ensemble.

La baleine les entend et remonte à la surface.

« Mais que faites-vous là, les oursons, en pleine nuit ? » demande-t-elle.

« Aucune idée ! » répond Mic.

« Aucune idée ! » répond Mac.

« Nous n'avons aucune idée ! » répètent Mic et Mac, et ils se mettent à pleurer.

« Eh bien, je ferais mieux de vous ramener chez vous ! » propose la baleine. Les deux oursons grimpent à nouveau sur son dos.

« Ton dos ressemble au gros rocher gris où nous nous sommes endormis », remarque Mic.

« Je pense que ton dos est le rocher gris où nous nous sommes endormis », conclut Mac.

Et en comprenant qu'ils seront bientôt à la maison, sains et saufs, Mic et Mac se mettent à aimer leur voyage à dos de baleine.

« C'est amusant ! » remarque Mic en riant.

« C'est épatant ! » renchérit Mac en s'esclaffant.

« Merci ! » s'exclament Mic et Mac.

Et bien vite, ils se retrouvent chez eux. Maman Ours est ravie de retrouver ses oursons sains et saufs. Elle fait une grosse bise d'ours à Madame Baleine. La baleine s'en va, en remuant la queue pour dire au revoir.

« Au revoir ! » dit Mic.

« Au revoir ! » dit Mac.

« Bonne nuit ! » disent Mic et Mac.

Le bonhomme en pain d'épices

Il était une fois un vieux petit homme et une vieille petite femme qui vivaient très heureux, mais regrettaient de ne pas avoir d'enfant. Un jour, ils décidèrent de confectionner un bonhomme en pain d'épices. Ils préparèrent la pâte, lui firent des yeux et un nez avec des raisins secs, une bouche en écorce d'orange, et ajoutèrent trois boutons en chocolat. Puis ils le mirent au four.

Quand le bonhomme en pain d'épices fut cuit, la vieille petite femme ouvrit la porte du four. Alors...

... le bonhomme en pain d'épices sauta sur la table et s'enfuit à toutes jambes.

« Reviens ! Reviens ! » crièrent le vieux petit homme et la vieille petite femme, en le poursuivant hors de la maison. Mais le bonhomme en pain d'épices se mit à rire et leur cria :

« Courez, courez, si vous le pouvez !
Jamais vous ne m'attraperez ! »

Le vieux petit homme et la vieille petite femme ne couraient pas assez vite, et bientôt ils renoncèrent. Le bonhomme en pain d'épices poursuivit sa course jusqu'à ce qu'il rencontre une vache.

« Meuh ! dit la vache. J'aimerais vous manger. »

« Ha ! dit le bonhomme en pain d'épices. J'ai échappé au

vieux petit homme et à la vieille petite femme. Ce n'est pas vous qui allez me dévorer ! »

La vache se mit à poursuivre le bonhomme en pain d'épices, mais il courut de plus en plus vite et chantonna :

« Courez, courez, si vous le pouvez !

Jamais vous ne m'attraperez ! »

La vache atteignit les limites de son pré. Le bonhomme en pain d'épices poursuivit son chemin, jusqu'à ce qu'il rencontre un cheval.

« Haannn ! » fit le cheval. J'aimerais vous manger ! »

« Ha ! dit le bonhomme en pain d'épices. J'ai échappé au vieux petit homme, à la vieille petite femme et à la vache. Ce n'est pas vous qui allez me dévorer ! »

Le cheval se mit à poursuivre le bonhomme en pain d'épices, mais il courut de plus en plus vite et chantonna :

« Courez, courez, si vous le pouvez ! Jamais vous ne m'attraperez ! »

Le cheval atteignit les limites de son pré. Le bonhomme en pain d'épices continua son chemin, jusqu'à ce qu'il rencontre toute une troupe de bambins.

« Hé, bonhomme en pain d'épices ! s'écrièrent les enfants. Nous voudrions te manger ! »

« Ha ! dit le bonhomme en pain d'épices. J'ai échappé au vieux petit homme, à la vieille petite femme, à la vache et au cheval. Ce n'est pas vous qui allez me dévorer ! »

Les enfants se mirent à poursuivre le bonhomme en pain d'épices, mais il courut de plus en plus vite et chantonna :

« Courez, courez, si vous le pouvez !
Jamais vous ne m'attraperez ! »

Le bonhomme en pain d'épices se sentait très fier de lui. « Personne ne réussira à me manger », pensa-t-il en arrivant à la rivière. « Je suis le plus malin des bonshommes en pain d'épices !»

À cet instant, un renard apparut et vint à la rencontre du bonhomme en pain d'épices.

« J'ai échappé au vieux petit homme, à la vieille petite femme, à la vache, au cheval et aux enfants. Ce n'est pas toi qui va me dévorer ! » chantonna le bonhomme.

« Je n'ai pas envie de te manger, dit le renard en riant. Je veux juste t'aider à traverser la rivière. Saute sur ma queue, je te transporterai de l'autre côté. »

« Bonne idée », répondit le bonhomme en pain d'épices qui sauta sur la queue du renard. Quand le renard eut nagé un peu, il se tourna vers le bonhomme et lui dit : «Tu pèses lourd sur ma queue. Ne veux-tu pas t'avancer vers mon cou ? »

Et le bonhomme fit ce qu'on lui demandait.

Un peu plus loin, le renard dit au bonhomme en pain d'épices : « Tu vas te mouiller sur mon dos. Ne veux-tu pas sauter sur mon épaule ? »

Et le bonhomme fit ce qu'on lui demandait.

Un peu plus loin encore, le renard dit au bonhomme :

« Mes épaules s'enfoncent dans l'eau, saute donc sur mon nez. Comme ça, tu ne seras pas mouillé. »

Et le bonhomme fit ce qu'on lui demandait. Mais avant qu'il ne comprenne ce qui lui arrivait, le renard l'avait fait sauter en l'air et n'en avait fait qu'une seule bouchée.

Le bonhomme en pain d'épices était moins malin qu'il ne le pensait.

Ah ! vous dirai-je, Maman ?

Ah ! vous dirai-je, Maman,
Ce qui cause mon tourment ?
Papa veut que je raisonne,
Comme une grande personne,
Moi, je dis que les bonbons
Valent mieux que la raison.

Mon rêve de nuit

J'ai un rêve de nuit
Tout petit, tout petit.
Étoiles, gardez mon secret,
Scintillez à mon chevet !

Bébé dans les feuilles

Bébé dans les feuilles
Ton berceau suspendu
Dans l'arbre remue.
Le vent l'accueille,
Le balance tendrement.
Mais si le vent se fâche,
Si la branche casse,
Berceau va tomber,
Où iras-tu, Bébé ?
Ne crains rien, Bébé,
Je te rattraperai.